09.09.2017

Für mein Puzzlestück

Angela

von

Andy

Du bist MEIN PUZZLESTÜCK zum Glück

GROH

Du hast mir
gerade noch gefehlt.
Mit deinen kleinen Marotten,
deinen Besonderheiten und
deiner ganzen Art ... bringst
du das gewisse Etwas in
mein Leben.

**DU MACHST MEIN
GLÜCK KOMPLETT!**

Du bringst

mein Herz zum

RASEN.

Wenn du nicht da bist,
denke ich an dich und
wenn du da bist, habe
ich nur AUGEN
FÜR DICH.

Du bist die
Portion Chili in meinem
Leben – HOOOOOT!

Egal wo wir sind:
Mit dir fühle ich mich
überall wohl – du bist
ein Stück ZUHAUSE
für mich.

Mit dir an meiner Seite
stürze ich mich mutig
in das aufregendste

ABENTEUER!

Ich liebe es,
mit dir auch einfach
nur **ZUSAMMEN** zu sein
und den Moment
zu genießen.

Deine Umarmungen sind die besten – sogar besser als **SCHOKOLADE!**

Mit dir fühle ich mich
im GLEICHGEWICHT,
ausgeglichen und
tüüüiefenentspannt.
Und du?

Völlig **SCHWERELOS** –
– mit dir fühle ich
mich so leicht, wie auf
Wolke 7 eben.

Du bringst meine Augen zum Leuchten und mein **HERZ** zum Strahlen – ohne große Worte, nur weil du da bist.

Mit dir ist das Leben BUNT und manchmal auch ein bisschen VERRÜCKT!

Wenn ich das
Gefühl habe, es geht
gerade nicht mehr, dann bist
du mein **ENERGIESCHUB,**
der mich wieder
voran bringt.

Du bist mein

RETTUNGSRING auf

hoher See – bei dir

fühle ich mich gut

aufgehoben.

Mit dir wird
aus sauer lustig -
du **VERSÜSST**
mir den Tag.

Wenn ich mal
schwarzsehe, bringst du
ganz viel **LICHT** in
mein Leben.

Wir sind ein
tolles TEAM: Was wir
alleine nicht schaffen, das
stellen wir zusammen
auf die Beine.

Manchmal kann ich es gar nicht glauben, dass wir uns **GEFUNDEN** haben.

Unsere Liebe ist wie ein Blockbuster: Mal kitschig, mal dramatisch, mal komisch, aber immer mit einem HAPPY END.

Für mich bist du die
CREME auf meinem
Cupcake – ohne dich
wäre der Alltag weniger
süß und nicht halb
so schön.

6
9
8
7
6
5

Mit dir habe ich voll
ins Schwarze getroffen,
du bist mein

HAUPTGEWINN.

Es ist so **SCHÖN**, dass es dich gibt! Du bereicherst mein Leben jeden Tag und ohne dich würde mir etwas fehlen – du bist mein Puzzlestück zum Glück.

Ein kleines bisschen Liebe …

… kann jeder gebrauchen.
Botschaften von Herzen finden Sie auf:

www.groh.de
facebook.com/grohverlag

Die nachhaltige Waldbewirtschaftung und die verantwortungsvolle Gewinnung des Rohstoffs Papier ist uns ein Anliegen. Daher werden alle Buch- und Kalender-Neuheiten auf FSC®-zertifiziertem Papier gedruckt.

ZWEISAMKEIT 1000 KÜSSE

LIEBE GEBORGENHEIT

HERZENS

WÜNSCHE

Hab dich lieb Emotionen SCHENKEN

Geschenke kommen von Herzen. Warum also nicht mal dem Partner eine Freude bereiten – mit Worten, Bildern und ganz viel Emotionen? Es gibt schließlich kaum einen Menschen, den wir besser kennen. Somit ist jedes Geschenk auch irgendwie ein kleiner Liebesbeweis. Zum Beispiel dieses Buch, mit viel Liebe gestaltet und ausgewählt. Wir bei GROH hoffen, dass es sein Ziel getroffen hat: mitten ins Herz …

Ihr Joachim Groh

Dieses Buch entstand in enger Zusammenarbeit mit meiner Kollegin Steffi Schmauder. Wir haben Ideen gesammelt, Gedanken sortiert, Texte verfasst und wieder verworfen, neu geschrieben und daran geschliffen, nach den schönsten Bildern gesucht und nicht aufgegeben, bis wir sie gefunden hatten. Mit unseren Grafikern haben wir die Gestaltung entwickelt und daran gefeilt, Cover und Farben abgestimmt und nicht locker gelassen, bis alle zufrieden waren. Wir haben uns über jedes Puzzlestück gefreut, das seinen Platz im großen Ganzen gefunden hat – und hier ist es nun: ein Geschenk, das von Herzen kommt.

Vielen Dank an alle Beteiligten.

Stefanie Pfennig

Bildnachweis: Cover: Shutterstock/5 second Studio; S. 4: Getty Images/Moment Open/Lasse Kristensen; S. 7: Getty Images/Moment Open/Betty Jo Designs; S. 8: Shutterstock/Skumer; S. 10: Getty Images/Moment Open/Bryant Scannell; S. 12: Shutterstock/Olga Danylenko; S. 15: Shutterstock/Laura Bartlett; S. 16: Getty Images/EyeEm/Kouichi Tsunoda; S. 19: Shutterstock/Anatoli Styf; S. 21: Shutterstock/jakkapan; S. 22: Shutterstock/CHAINFOTO24; S. 24: Shutterstock/5 second Studio; S. 26: Shutterstock/Skylines; S. 29: Getty Images/Moment Open/Alexandra Pavlova; S. 30: Getty Images/EyeEm/Ufuk Senturk; S. 32: Masterfile Premium RF; S. 35: Photocase.de/..soma..; S. 36: Getty Images/E+/Marcus LindstrAm; S. 39: Shutterstock/Paul Rich Studio; S. 40: Shutterstock/Vintage Tone; S. 42: Shutterstock/5 second Studio.

Layout und Illustration: Doris Wohofsky

Satz: wohofsky.net/Konstantin Wohofsky

ISBN 978-3-8485-1742-8

177002-4253-02